COME SOPRAVVIVERE ALL'ORGANIZZAZIONE DEL MATRIMONIO

Guida completa all'organizzazione del matrimonio, con consigli pratici, iter burocratici e tempistiche, per non arrivare esausti ed ansiosi al giorno del sì.

I0449076

INTRODUZIONE

Cara sposina, ti ha chiesto di sposarlo....e ora? Che fare? Da dove si comincia per allestire il matrimonio che hai sempre sognato? Non abbatterti.....le cose da fare sono tante....la parola d'ordine, per non cadere in depressione da organizzazione, è PIANIFICARE! Questo ebook ti chiarirà le idee e ti segnalerà passo a passo le tappe fondamentali dell'organizzazione del tuo matrimonio.

Buona lettura e buon lavoro!

CAP 1

La scelta della DATA

Ci siamo....la proposta di matrimonio è stata fatta! Ora per prima cosa dovete decidere la data delle nozze.....il detto dice: di venere (venerdì) e di marte (martedì) non ci si sposa e non si parte..... ABOLIAMO il detto! In realtà dovete decidere una data a voi cara, indipendentemente da che giorno della settimana sia! Vi piacciono le date particolari tipo il 07.07.07? Vi piace la matematica? Che dite allora di una data tipo il 10.07.2014? (giorno e mese sono la metà esatta dei numeri dell'anno 20 e 14) Vi piace la letteratura? Sposatevi allora il 5 Maggio! Volete sposarvi il giorno ed il mese che vi siete conosciuti? Il giorno del primo bacio? Quello del primo appuntamento? Non ponetevi limiti.....scegliete la data col cuore.

Considerate la stagione in cui vorrete sposarvi: premettendo che le stagioni più gettonate sono la primavera e l'estate.....avete mai preso in considerazione il periodo invernale, magari quello Natalizio? Conciliereste il freddo del clima con il calore della vostra cerimonia.....e la sera dell'ultimo dell'anno? Fareste passare una festa indimenticabile ed insolita anche ai vostri invitati! Adorate Halloween? Sposatevi allora in ottobre oppure in febbraio se vi piace il carnevale! Se invece desiderate una serata danzante in riva al mare oppure non potete fare a meno del caldo e del sole, scegliete la primavera e l'estate!

Tenete in considerazione anche le date a ridosso di festività e ponti: essendo molto gettonate la concorrenza per accappararsele da parte di altri futuri sposi sarà altissima...quindi partite per tempo!

CAP 2

FISSARE IL BUDGET

Anche se non è molto romantico, è praticamente obbligatorio fissare il budget al matrimonio. Sognare di sposarsi in un castello , addobbando la cattedrale con rose ed orchidee e viaggiare all'estero in un atollo della polinesia è lecito, ma occorre poi scontrarsi con la realtà se le possibilità economiche non sono proprio da "emiro".......

Non vuoi proprio rinunciare al viaggio di nozze all'altro capo del mondo? Nessun problema, ricordati allora di scegliere una location che coniughi qualità e prezzo...magari al posto del castello che ne diresti di una bellissima dimora storica dell'800? Oppure....ti piacciono poco i fiori? Allora addobba la chiesa e la location con candele, lanterne e nastri.....in questo modo il budget del fiorista sarà notevolmente contenuto.....spostando la forza economica su altri dettagli dell'allestimento del matrimonio per voi più importanti.

CAP 3

RITO CIVILE E RITO RELIGIOSO

Cap.3.1 Rito civile: iter burocratico

Come prima cosa dovrete presentarvi all'Ufficio di stato civile del comune di residenza di uno di voi, con i vostri documenti d'identità. La celebrazione in qualsiasi altro comune, indipendentemente dalla residenza dei due futuri sposi, può avvenire solo previa apposita autorizzazione. Andrete in Comune al fine di fare le pubblicazioni di matrimonio.

Gli incaricati comunali, prima di elaborare le pubblicazioni, accerteranno l'effettivo stato di libertà da vincoli di precedenti matrimoni e la reale consapevolezza di entrambi gli interessati, dopo di che provvederanno ad elaborarle e ad esporle nei Municipi dei comuni di residenza di entrambi i futuri sposi. Le pubblicazioni conterranno le generalità dei promessi sposi ed il luogo di celebrazione del matrimonio

Le pubblicazioni sono obbligatorie e vengono esposte per rendere nota a tutti l'intenzione dei fidanzati di sposarsi, affinché chiunque ne abbia motivo possa opporsi, qualora sussistano degli impedimenti o per altre gravi ragioni previste dalla legge.

Trascorsi 3 giorni dal termine delle pubblicazioni, l'Ufficiale di Stato Civile, se non sono state presentate opposizioni, rilascia il "nullaosta" al matrimonio, che dovrà essere celebrato entro 180 giorni dalla scadenza della pubblicazione, pena la decadenza di validità dei documenti.

Il rito prevede la lettura, da parte dell'ufficiale di stato civile, degli articoli 143, 144 e 146 del codice civile. Seguono le domande di consenso rivolte agli sposi, lo scambio degli anelli e le firme sul registro. Se non diversamente ed esplicitamente dichiarato, s'intende che gli sposi abbiano accettato la comunione dei beni. Il ruolo dell'ufficiale civile può essere svolto da una persona cara agli sposi, a patto che non sia legato a loro da vincoli di consanguineità (es:fratello).

Alcune location private come dimore storiche e castelli stipulano accordi con le amministrazioni, offrendo quindi alle coppie la possibilità di sposarsi in un luogo suggestivo e di loro gradimento.

Addobbate senza eccessi la sala della cerimonia con l'allestimento floreale da voi scelto.

Cap.3.2 Rito religioso

Per il rito religioso , l'iter burocratico è più lungo rispetto a quello del rito civile. Oltre ai documenti civili e religiosi, dovrete tenere conto anche del corso prematrimoniale.

Per sposarsi in chiesa sono obbligatoriamente necessari: il certificato di battesimo e di cresima e l'attestato di partecipazione al corso prematrimoniale.

Dovrete quindi recarvi presso le Parrocchie dove siete stati battezzati e cresimati e farvi rilasciare i relativi attestati. Essi dovranno poi essere consegnati, unitamente all'attestato del corso prematrimoniale, al parroco della Parrocchia dove intenderete sposarvi.

Successivamente, concordata la data delle nozze con il parroco ed ottenuto il consenso alle nozze, verranno affisse le pubblicazioni religiose, per otto giorni, comprendenti due domeniche, presso le parrocchie dei due sposi e, se diversa, presso quella in cui la coppia intende sposarsi. Scaduto il termine degli otto giorni il parroco rilascerà il certificato di avvenuta pubblicazione con cui presentarsi in comune per le pratiche civili.

Non è obbligatorio sposarsi nella chiesa in cui è stato rilasciato il certificato di avvenuta pubblicazione. In caso si opti per una parrocchia diversa, occorre un'apposita autorizzazione.

Il giorno della cerimonia gli sposi devono presentarsi con minimo due testimoni maggiorenni, muniti di un documento di identità valido. Il matrimonio viene celebrato dal Parroco che, entro 5 giorni, trasmette all'Ufficiale dello Stato Civile l'atto di matrimonio per la trascrizione nei Registri degli Atti di Matrimonio del Comune. Con tale trascrizione la celebrazione assume rilevanza giuridica anche per lo Stato Italiano . La celebrazione deve avvenire entro 6 mesi dalle pubblicazioni religiose.

Il regime patrimoniale tra coniugi può essere di comunione, di separazione e di fondo patrimoniale.

In mancanza di diversa convenzione, il regime patrimoniale è quello della Comunione dei beni. La separazione dei beni può essere dichiarata nell'atto di celebrazione del matrimonio o, dopo il matrimonio, presso un notaio.

Fonte: Diritto canonico e Codice Civile

Il corso prematrimoniale è obbligatorio per tutte quelle coppie di fidanzati che decidono di sposarsi in chiesa. È un momento per conoscere e approfondire il senso del matrimonio cristiano e della famiglia.

Il corso si svolge nella parrocchia di residenza di uno dei due sposi. La durata del corso prematrimoniale è variabile, solitamente consiste in 8/10 incontri a cadenza settimanale. Agli incontri, tenuti dal parroco, partecipano anche figure professionali come ginecologi, avvocati e psicologi.

Vengono affrontati temi strettamente legati alla creazione di una famiglia, come l'educazione dei figli, la sessualità e i problemi che si possono incontrare nella vita di coppia. Vengono letti alcuni brani della Bibbia e vengono spiegate tutte le fasi del rito nuziale.

Durante il corso prematrimoniale vi verrà inoltre rilasciato un libretto messa standard. Vi servirà per poter creare su misura il vostro libretto messa per il giorno delle nozze.

Cosa scrivere nel libretto messa? Quali letture e canti inserire? Ecco un esempio:

CANTO DI INGRESSO

LUCE SIAMO NOI

RIT: Luce siamo noi che brilla per il mondo,
per Te Se tu rimani in noi, Signore, qui con noi.
Fate brillare la luce che è in voi
perché si veda l'amore di Dio
non oscurate la luce che è in voi,
ma date gloria al Padre vostro e mio
al Padre vostro e mio. RIT.
Non nascondete la luce che è in voi,
portate a tutti il volto di Dio.
Dio è la luce che non muore mai
in lui vivete in tutta verità,
in tutta verità. RIT.
Se uno vuole venire con me
prenda ogni giorno la croce con sé.
Smetta di amare sé stesso ed i suoi
sia pronto a dare la vita sua per me
la vita sua per me. RIT.

RITI DI INTRODUZIONE

Sacerdote: Nel nome del Padre e del Figlio e dello Spirito Santo.
Tutti: Amen.
Sacerdote: La grazia del Signore nostro Gesù Cristo, l'amore di Dio Padre e la comunione dello Spirito Santo sia con tutti voi.
Tutti: E con il tuo spirito.

MEMORIA DEL BATTESIMO

Sacerdote: Ivano e Daniela, la Chiesa partecipa alla vostra gioia e insieme con i vostri cari vi accoglie con grande affetto nel giorno in cui davanti a Dio, nostro Padre, decidete di realizzare la comunione di tutta la vita. In questo giorno per voi di festa il Signore vi ascolti. Mandi dal cielo il suo aiuto e vi custodisca. Realizzi i desideri del vostro cuore ed esaudisca le vostre preghiere.Riconoscenti per essere divenuti figli nel Figlio, facciamo ora memoria del Battesimo, dal quale, come da seme fecondo, nasce e prende vigore l'impegno di vivere fedeli nell'amore.

Sacerdote: Padre, nel Battesimo del tuo Figlio Gesù al fiume Giordano hai rivelato al mondo l'amore sponsale per il tuo popolo.

Tutti: Noi ti lodiamo e ti rendiamo grazie.

Sacerdote: Cristo Gesù, dal tuo costato aperto sulla Croce hai generato la Chiesa, tua diletta sposa.

Tutti: Noi ti lodiamo e ti rendiamo grazie.

Sacerdote: Spirito Santo, potenza del Padre e del Figlio, oggi fai risplendere in Ivano e Daniela la veste nuziale della Chiesa.

Tutti: Noi ti lodiamo e ti rendiamo grazie.

Sacerdote: Dio onnipotente, origine e fonte della vita, che ci hai rigenerati nell'acqua con la potenza del tuo Spirito, ravviva in tutti noi la grazia del Battesimo, e concedi a Ivano e Daniela un cuore libero e una fede ardente perché, purificati nell'intimo, accolgano il dono del Matrimonio, nuova via della loro   santificazione.
Per   Cristo   nostro   Signore.
Tutti: Amen.

GLORIA (Giombini)
Gloria, gloria
a Dio nell'alto dei cieli gloria.
E pace, e pace in terra agli uomini
di buona volontà.
Noi ti lodiamo   Noi ti lodiamo,
ti benediciamo   ti benediciamo,
ti adoriamo ti adoriamo,
ti glorifichiamo   ti glorifichiamo.
Ti rendiamo grazie
per la tua gloria immensa.
Signore, figlio unigenito,
Gesù Cristo, Signore Dio,
Agnello di Dio, figlio del Padre,
Tu che togli i peccati
i peccati del mondo
abbi pietà di noi, abbi pietà di noi.
Tu che togli i peccati,
i peccati del mondo

accogli, accogli la nostra supplica.
Tu che siedi alla destra,
alla destra del Padre,
abbi pietà di noi, abbi pietà di noi.
(strumentale)
Perché Tu solo il Santo perché Tu solo il
Santo
Tu solo il Signore   Tu   solo   il
Signore
Tu solo l'Altissimo   Tu   solo
l'altissimo,
Gesù Cristo   Gesù Cristo.
Con lo Spirito Santo
nella gloria di Dio Padre. Amen.
Con lo Spirito Santo
nella gloria di Dio Padre. Amen
Sacerdote: O Dio, che fin dagli inizi della
creazione hai voluto l'unità fra l'uomo e
la donna, congiungi con il vincolo di un
solo amore questi tuoi figli, che oggi si
uniscono in Matrimonio, e fa che siano
testimoni di quella carità che hai loro
donato. Per il nostro Signore Gesù
Cristo, tuo Figlio, che è Dio, e vive e
regna con te, nell'unità dello Spirito
Santo, per tutti i secoli dei secoli.
Tutti: Amen.

LITURGIA DELLA PAROLA
PRIMA LETTURA
Dal libro della Gènesi 1, 26-28.31a

Dio creò l'uomo a sua immagine: maschio e femmina li creò. Dio disse: «Facciamo l'uomo a nostra immagine, a nostra somiglianza, e domini sui pesci del mare e sugli uccelli del cielo, sul bestiame, su tutte le bestie selvatiche e su tutti i rettili che strisciano sulla terra». Dio creò l'uomo a sua immagine; a immagine di Dio lo creò; maschio e femmina li creò. Dio li benedisse e disse loro: «Siate fecondi e moltiplicatevi, riempite la terra; soggiogatela e dominate sui pesci del mare e sugli uccelli del cielo e su ogni essere vivente, che striscia sulla terra». Dio vide quanto aveva fatto, ed ecco, era cosa molto buona.

Parola   di   Dio.
Tutti: Rendiamo grazie a Dio.

SALMO RESPONSORIALE
Su ali d'aquila
Tu che abiti al riparo del Signore e che dimori alla sua ombra, di' al Signore: "Mio rifugio, mia roccia su cui confido." RIT. E ti rialzerà, ti solleverà su ali d'aquila ti reggerà sulla brezza dell'alba ti farà brillar come il sole, così nelle sue mani vivrai. Dal laccio del cacciatore ti libererà,

e dalla carestia che distrugge
poi ti coprirò con le Sue ali
e rifugio troverai.   RIT.
Non devi temere i terrori della notte
ne' freccia che vola di giorno
mille cadranno al tuo fianco,
ma nulla ti colpirà.   RIT.
Perché ai Suoi angeli ha dato un
comando,
di preservarti in tutte le tue vie,
ti porteranno sulle loro mani
contro la pietra non inciamperai. RIT.
E ti rialzerò, ti solleverò
su ali d'aquila ti reggerò
sulla brezza dell'alba ti farò brillar
come il sole, così nelle mie mani vivrai.

SECONDA LETTURA
Dalla lettera di san Paolo apostolo ai
Romani (12, 1-2, 9-18)
Vi esorto, fratelli, per la misericordia di
Dio, ad offrire i vostri corpi come
sacrificio vivente, santo e gradito a Dio;
è questo il vostro culto spirituale. Non
conformatevi alla mentalità di questo
secolo, ma trasformatevi rinnovando la
vostra mente, per poter discernere la
volontà di Dio, ciò che è buono, a lui
gradito e perfetto. La carità non abbia
finzioni: fuggite il male con orrore,
attaccatevi al bene; amatevi gli uni gli

altri con affetto fraterno, gareggiate nello stimarvi a vicenda. Non siate pigri nello zelo; siate invece ferventi nello spirito, servite il Signore. Siate lieti nella speranza, forti nella tribolazione, perseveranti nella preghiera, solleciti per le necessità dei fratelli, premurosi nell'ospitalità. Benedite coloro che vi perseguitano, benedite e non maledite. Rallegratevi con quelli che sono nella gioia, piangete con quelli che sono nel pianto. Abbiate i medesimi sentimenti gli uni verso gli altri; non aspirate a cose troppo alte, piegatevi invece a quelle umili. Non fatevi un'idea troppo alta di voi stessi. Non rendete a nessuno male per male. Cercate di compiere il bene davanti a tutti gli uomini. Se possibile, per quanto questo dipende da voi, vivete in pace con tutti.
Parola di Dio
Tutti: Rendiamo grazie a Dio.

CANTO   AL   VANGELO
Alleluia, Alleluia, Alleluia,
Alleluia, Alleluia.
Alleluia, Alleluia, Alleluia,
Alleluia, Alleluia.
Canto per Cristo che mi libererà
quando verrà nella gloria,
quando la vita con Lui rinascerà,

alleluia, alleluia!
Cercate, anzitutto, il regno di Dio
e ogni cosa vi sarà data in aggiunta.
Alleluia.

VANGELO
Dal Vangelo secondo Matteo (6, 25-34)
Gloria a te, o Signore
In quel tempo, Gesù disse ai suoi
discepoli:
«Io vi dico: per la vostra vita non
affannatevi di quello che mangerete o
berrete, e neanche per il vostro corpo, di
quello che indosserete; la vita forse non
vale più del cibo e il corpo più del
vestito?
Guardate gli uccelli del cielo: non
seminano, né mietono, né ammassano nei
granai; eppure il Padre vostro celeste li
nutre. Non contate voi forse più di loro?
E chi di voi, per quanto si dia da fare, può
aggiungere un'ora sola alla sua vita?
E perché vi affannate per il vestito?
Osservate come crescono i gigli del
campo: non lavorano e non filano. Eppure
io vi dico che neanche Salomone, con
tutta la sua gloria, vestiva come uno di
loro. Ora se Dio veste così l'erba del
campo, che oggi c'è e domani verrà
gettata nel forno, non farà assai più per
voi, gente di poca fede?

Non affannatevi dunque dicendo: "Che cosa mangeremo? Che cosa berremo? Che cosa indosseremo?". Di tutte queste cose si preoccupano i pagani; il Padre vostro celeste infatti sa che ne avete bisogno. Cercate prima il regno di Dio e la sua giustizia, e tutte queste cose vi saranno date in aggiunta. Non affannatevi dunque per il domani, perché il domani avrà già le sue inquietudini. A ciascun giorno basta la sua pena».

Parola del Signore.

Tutti: Lode a te o Cristo.

OMELIA

RITO DEL MATRIMONIO

Sacerdote: Carissimi Ivano e Daniela, siete venuti insieme nella casa del Padre, perché la vostra decisione di unirvi in Matrimonio riceva il suo sigillo e la sua consacrazione, davanti al ministro della Chiesa e davanti alla comunità. Voi siete già consacrati mediante il Battesimo: ora Cristo vi benedice e vi rafforza con il sacramento nuziale, perché vi amiate l'un l'altro con amore fedele e inesauribile e assumiate responsabilmente i doveri del Matrimonio. Pertanto vi chiedo di esprimere davanti alla Chiesa le vostre intenzioni.

Ivano e Daniela, siete venuti a celebrare il Matrimonio senza alcuna costrizione, in piena libertà e consapevoli del significato della vostra decisione?

Sposi: Sì.

Siete disposti, seguendo la via del Matrimonio, ad amarvi e a onorarvi l'un l'altro per tutta la vita?

Sposi: Sì.

Siete disposti ad accogliere con amore i figli che Dio vorrà donarvi e a educarli secondo la legge di Cristo e della sua Chiesa?

Sposi: Sì.

MANIFESTAZIONE DEL CONSENSO

Sacerdote: Alla presenza di Dio e davanti alla Chiesa qui riunita, datevi la mano destra ed esprimete il vostro consenso. Il Signore, inizio e compimento del vostro amore, sia con voi sempre.

Ivano: Daniela, vuoi unire la tua vita alla mia, nel Signore che ci ha creati e redenti?

Daniela: Sì, con la grazia di Dio, lo voglio.

Ivano, vuoi unire la tua vita alla mia, nel Signore che ci ha creati e redenti?

Ivano: Sì, con la grazia di Dio, lo voglio.

Sposi: Noi promettiamo di amarci fedelmente, nella gioia e nel dolore, nella salute e nella malattia, e di sostenerci l'un l'altro tutti i giorni della nostra vita.

Sacerdote: Il Signore onnipotente e misericordioso confermi il consenso che avete manifestato davanti alla Chiesa e vi ricolmi della sua benedizione. L'uomo non osi separare ciò che Dio unisce.

Tutti: Amen.

BENEDIZIONE E CONSEGNA DEGLI ANELLI

Sacerdote: Signore, benedici ✠ questi anelli nuziali: gli sposi che li porteranno custodiscano integra la loro fedeltà, rimangano nella tua volontà e nella tua pace e vivano sempre nel reciproco amore.

Per Cristo nostro Signore.

Tutti: Amen.

Ivano: Daniela, ricevi questo anello, segno del mio amore e della mia fedeltà. Nel nome del Padre e del Figlio e dello Spirito Santo.

Daniela: Ivano, ricevi questo anello, segno del mio amore e della mia fedeltà. Nel nome del Padre e del Figlio e dello Spirito Santo.

JUBILATE DEO

Jubilate   Deo   omnis   terra.
Servite   Domino   in   laetitia.
Alleluia,   alleluia,   in   laetitia.
Alleluia, alleluia, in laetitia.

PREGHIERA DEI FEDELI E INVOCAZIONE DEI SANTI

Sacerdote: Fratelli e sorelle, consapevoli del singolare dono di grazia e carità, per mezzo del quale Dio ha voluto rendere perfetto e consacrare l'amore dei nostri fratelli Ivano e Daniela, chiediamo al Signore che, sostenuti dall'esempio e dall'intercessione dei santi, essi custodiscano nella fedeltà il loro vincolo coniugale.

Lettore: Innalziamo insieme la nostra preghiera e diciamo: Ascoltaci, o Signore.

Tutti: Ascoltaci o Signore.

Lettore: Perché Ivano e Daniela, attraverso l'unione santa del Matrimonio, possano godere della salute del corpo e della salvezza eterna, preghiamo.

Tutti: Ascoltaci, o Signore.

Lettore: Perché il Signore benedica l'unione di questi sposi come santificò le nozze di Cana, preghiamo.

Tutti: Ascoltaci, o Signore.

Lettore: Perché il Signore renda fecondo l'amore di Ivano e Daniela, conceda loro pace e sostegno ed essi possano essere testimoni fedeli di vita cristiana, preghiamo.

Tutti: Ascoltaci, o Signore.

Lettore: Perché il popolo cristiano cresca di giorno in giorno nella certezza della fede, e tutti coloro che sono oppressi dalle difficoltà della vita ricevano l'aiuto della grazia che viene dall'alto, preghiamo.

Tutti: Ascoltaci, o Signore.

Lettore: Perché lo Spirito Santo rinnovi in tutti gli sposi qui presenti la grazia del sacramento, preghiamo.

Tutti: Ascoltaci, o Signore.

Sacerdote: Ora, in comunione con la Chiesa del cielo, invochiamo l'intercessione dei santi.

Santa Maria, Madre di Dio
prega per noi
Santa Maria, Madre della Chiesa,
prega per noi
Santa Maria, Regina della Famiglia,
prega per noi
San Giuseppe, Sposo di Maria
prega per noi
Santi Angeli di Dio,
pregate per noi
Santi Gioacchino e Anna,
pregate per noi

Santi Zaccaria ed Elisabetta
pregate per noi
San Giovanni Battista, prega
per noi
Sant'Adriano III papa, prega
per noi
Santi Pietro e Paolo,
pregate per noi
Santi Apostoli ed Evangelisti,
pregate per noi
Santi Martiri di Cristo, pregate
per noi
Santi Aquila e Priscilla, pregate
per noi
Santi Mario e Marta,
pregate per noi
Santa Monica, prega
per noi
San Paolino, prega
per noi
Santa Brigida, prega
per noi
Santa Rita, prega
per noi
Santa Francesca Romana,
prega per noi
San Tommaso Moro,
prega per noi
Santa Giovanna Beretta Molla,
prega per noi

Santi e Sante tutti di Dio
pregate   per   noi

Effondi, Signore, su Ivano e Daniela lo
Spirito del tuo amore, perché diventino
un cuore solo e un'anima sola: nulla separi
questi sposi che tu hai unito, e, ricolmati
della tua benedizione, nulla li affligga.
Per Cristo nostro Signore.
Tutti: Amen.

LITURGIA EUCARISTICA
SERVO PER AMORE
Una notte di sudore sulla barca in mezzo
al   mare
e mentre il cielo s'imbianca già tu guardi
le   tue   reti   vuote.
Ma la voce che ti chiama un altro mare ti
mostrerà
e sulle rive di ogni cuore le tue reti
getterai.
RIT. Offri la vita tua come Maria ai piedi
della   croce
e sarai servo di ogni uomo, servo per
amore,
sacerdote   per   l'umanità.
Avanzavi nel silenzio fra le lacrime e
speravi
che il seme sparso davanti a te cadesse
sulla   buona   terra.
Ora il cuore tuo è in festa perchè il

grano biondeggia ormai, è maturato sotto il sole, puoi deporlo nei granai. RIT.

Sacerdote: Pregate, fratelli, perché il mio e il vostro sacrificio sia gradito a Dio, Padre onnipotente.

Tutti: Il Signore riceva dalle tue mani questo sacrificio a lode e gloria del Suo nome, per il bene nostro e di tutta la sua santa Chiesa.

Sacerdote: Accogli, Signore, i doni e le preghiere che ti presentiamo per Ivano e Daniela, uniti nel vincolo santo: questo mistero, che esprime la pienezza della tua carità, custodisca per sempre il loro amore. Per Cristo nostro Signore.

Tutti: Amen.

Sacerdote: Il Signore sia con voi.

Tutti: E con il tuo spirito.

Sacerdote: In alto i nostri cuori.

Tutti: Sono rivolti al Signore.

Sacerdote: Rendiamo grazie al Signore, nostro Dio.

Tutti: È cosa buona e giusta.

Sacerdote: È veramente cosa buona e giusta, nostro dovere e fonte di salvezza, rendere grazie sempre e in ogni luogo a te, Signore, Padre santo, Dio onnipotente ed eterno.

Tu hai dato alla comunità coniugale la dolce legge dell'amore e il vincolo indissolubile della pace, perché l'unione casta e feconda degli sposi accresca il numero dei tuoi figli.

Con disegno mirabile hai disposto che la nascita di nuove creature allieti l'umana famiglia, e la loro rinascita in Cristo edifichi la tua Chiesa.

Per questo mistero di salvezza, uniti agli angeli e ai santi, cantiamo insieme l'inno della tua gloria.

CANTO DEL SANTO
Santo, Santo, Santo il Signore
Dio dell'universo
i cieli e la terra
sono pieni della tua gloria.
Osanna, osanna, osanna nell'alto dei cieli.
Benedetto colui che viene
nel nome del Signore.
Osanna, osanna, osanna nell'alto dei cieli.
Sacerdote: Padre veramente santo, a te la lode da ogni creatura. Per mezzo di Gesù Cristo, tuo Figlio e nostro Signore, nella potenza dello Spirito Santo fai vivere e santifichi l'universo, e continui a radunare intorno a te un popolo, che da un confine all'altro della terra offra al tuo nome il sacrificio perfetto.

Ora ti preghiamo umilmente: manda il tuo Spirito a santificare i doni che ti offriamo, perché diventino il corpo e ✠ il sangue di Gesù Cristo, tuo Figlio e nostro Signore, che ci ha comandato di celebrare questi misteri.

Nella notte in cui fu tradito, egli prese il pane, ti rese grazie con la preghiera di benedizione, lo spezzò, lo diede ai suoi discepoli, e disse:

Prendete, e mangiatene tutti: questo è il mio Corpo offerto in sacrificio per voi.

Dopo cena, allo stesso modo, prese il calice, ti rese grazie con la preghiera di benedizione, lo diede ai suoi discepoli, e disse:

Prendete e bevetene tutti: questo è il calice del mio sangue per la nuova ed eterna alleanza, versato per voi e per tutti in remissione dei peccati. Fate questo in memoria di me.

Mistero della fede.

Tutti: Annunciamo la tua morte, Signore, proclamiamo la tua risurrezione, nell'attesa della tua venuta.

Sacerdote: Celebrando il memoriale del tuo Figlio, morto per la nostra salvezza, gloriosamente risorto e asceso al cielo, nell'attesa della sua venuta ti offriamo, Padre, in rendimento di grazie questo sacrificio vivo e santo. Guarda con amore e riconosci nell'offerta della tua Chiesa, la vittima immolata per la nostra redenzione; e a noi che ci nutriamo del corpo e sangue del tuo Figlio, dona la pienezza dello Spirito Santo perché diventiamo, in Cristo, un solo corpo e un solo spirito. Egli faccia di noi un sacrificio perenne a te gradito, perché possiamo ottenere il regno promesso insieme con i tuoi eletti con la beata Maria, Vergine e Madre di Dio, con i tuoi santi apostoli, i gloriosi martiri, San Giovanni Battista, Sant'Adriano e tutti i santi, nostri intercessori presso di te. Per questo sacrificio di riconciliazione, dona, Padre, pace e salvezza al mondo intero. Conferma nella fede e nell'amore la tua Chiesa pellegrina sulla terra: il tuo servo e nostro Papa Francesco, il nostro Vescovo Antonio., il collegio episcopale, tutto il clero e il popolo che tu hai redento.

Assisti i tuoi figli Ivano e Daniela, che in Cristo hanno costituito una nuova famiglia, piccola Chiesa e sacramento del tuo amore, perché la grazia di questo giorno si estenda a tutta la loro vita.

Ascolta la preghiera di questa famiglia, che hai convocato alla tua presenza.

Ricongiungi a te, padre misericordioso, tutti i tuoi figli ovunque dispersi. Accogli nel tuo regno i nostri fratelli defunti e tutti i giusti che, in pace con te, hanno lasciato questo mondo; concedi anche a noi di ritrovarci insieme a godere per sempre della tua gloria, in Cristo, nostro Signore, per mezzo del quale tu, o Dio, doni al mondo ogni bene.

Per Cristo, con Cristo e in Cristo, a te, Dio Padre onnipotente, nell'unità dello Spirito Santo, ogni onore e gloria per tutti i secoli dei secoli.

Tutti: Amen.

RITI DI COMUNIONE

C: Il Signore ci ha donato il suo Spirito. Con la fiducia e la libertà dei figli diciamo insieme:

Tutti: Padre nostro, che sei nei cieli, sia santificato il tuo nome, venga il tuo regno, sia fatta la tua volontà,
come in cielo così in terra.
Dacci oggi il nostro pane quotidiano, e rimetti a noi i nostri debiti come noi li rimettiamo ai nostri debitori, e non ci indurre in tentazione, ma liberaci dal male.

BENEDIZIONE NUZIALE

Sacerdote: Fratelli e sorelle, raccolti in preghiera, invochiamo su questi sposi, Ivano e Daniela, la benedizione di Dio: egli, che oggi li ricolma di grazia con il sacramento del Matrimonio, li accompagni sempre con la sua protezione.

Padre santo, creatore dell'universo, che hai formato l'uomo e la donna a tua immagine e hai voluto benedire la loro unione, ti preghiamo umilmente per questi tuoi figli, che oggi si uniscono con il sacramento nuziale.

Scenda, o Signore, su questi sposi Ivano e Daniela la ricchezza delle tue benedizioni, e la forza del tuo Santo Spirito infiammi dall'alto i loro cuori, perché nel dono reciproco dell'amore allietino di figli la loro famiglia e la comunità ecclesiale.

Ti lodino, Signore, nella gioia, ti cerchino nella sofferenza; godano del tuo sostegno nella fatica e del tuo conforto nella necessità; ti preghino nella santa assemblea, siano tuoi testimoni nel mondo. Vivano a lungo nella prosperità e nella pace e, con tutti gli amici che ora li circondano, giungano alla felicità del tuo regno.

Per Cristo nostro Signore.

Tutti: Amen.

Sacerdote: La pace del Signore sia sempre con voi.
Tutti: E con il tuo spirito.
Sacerdote: Scambiatevi un segno di pace.

AGNELLO DI DIO (Buttazzo)
Agnello, Agnello di Dio,
che togli i peccati del mondo,
abbi pietà di noi, abbi pietà di noi.
Agnello, Agnello di Dio,
che togli i peccati del mondo,
abbi pietà di noi, abbi pietà di noi.
Agnello, Agnello di Dio,
che togli i peccati, che togli i peccati del mondo,
dona a noi la pace, dona a noi la pace.

CANTI DI COMUNIONE
APRI LE TUE BRACCIA
Hai cercato la libertà lontano,
hai trovato la noia e le catene
hai vagato senza via, solo con la tua fame.
RIT. Apri le tue braccia, corri incontro al Padre.
Oggi la sua casa sarà in festa per te.
I tuoi occhi ricercano l'azzurro,
c'è una casa che aspetta il tuo ritorno
e la pace tornerà, questa è libertà. RIT.

Se vorrai spezzare le catene,
troverai la strada dell'amore
la tua gioia canterai, questa è libertà.
RIT.

TE AL CENTRO DEL MIO CUORE

Ho bisogno di incontrarti nel mio cuore
di trovare Te, di stare insieme a Te:
unico riferimento del mio andare,
unica ragione Tu, unico sostegno Tu.
Al centro del mio cuore ci sei solo Tu
Anche il cielo gira intorno e non ha pace,
ma c'è un punto fermo è quella stella là.
La stella polare è fissa ed è la sola,
la stella polare Tu, la stella sicura Tu.
Al centro del mio cuore ci sei solo Tu.
Tutto ruota intorno a Te, in funzione di
Te,
e poi non importa il "come", il "dove" e il
"se".
Che Tu splenda sempre al centro del mio
cuore,
il significato allora sarai Tu,
quello che farò sarà soltanto amore.
Unico sostegno Tu, la stella polare Tu
Al centro del mio cuore ci sei solo Tu

PREGHIERA DOPO LA COMUNIONE

Sacerdote: O Signore, per questo
sacrificio di salvezza, accompagna con la

tua provvidenza la nuova famiglia che hai istituito; fa che Ivano e Daniela, uniti nel vincolo santo e nutriti dell'unico pane e dell'unico calice vivano concordi nel tuo amore.

Per cristo nostro signore.

Tutti: Amen.

RITI DI CONCLUSIONE

Si da lettura degli articoli del codice civile concernenti i diritti e i doveri dei coniugi

BENEDIZIONE DI CONGEDO

Sacerdote: Dio, eterno Padre, vi conservi uniti nel reciproco amore; la pace di Cristo abiti in voi e rimanga sempre nella vostra casa.

Tutti: Amen.

Sacerdote: Abbiate benedizione nei figli, conforto dagli amici, vera pace con tutti.

Tutti: Amen.

Sacerdote: Siate nel mondo testimoni dell'amore di Dio perché i poveri e i sofferenti, che avranno sperimentato la vostra carità, vi accolgano grati un giorno nella casa del Padre.

Tutti: Amen.

Sacerdote: E su voi tutti, che avete partecipato a questa liturgia nuziale, scenda la benedizione di Dio onnipotente, Padre e Figlio ✠ e Spirito Santo.

Tutti: Amen.

Sacerdote: Nella Chiesa e nel mondo siate testimoni del dono della vita e dell'amore che avete celebrato. Andate in pace.

Tutti: Rendiamo grazie a Dio.

CANTI FINALI

LAUDATO SII

RIT: Laudato sii, o mio Signore (4 volte)
E per tutte le tue creature,
per il sole e per la luna,
per le stelle e per il vento,
e per l'acqua e per il fuoco. RIT.
Per sorella madre terra
che ci nutre e ci sostiene,
per i frutti, i fiori e l'erba,
per i monti e per il mare. RIT.
Perché il senso della vita
è cantare e lodarti;
e perché la nostra vita
sia sempre una canzone. RIT.

MUSICA DI FESTA

Cantate al Signore un cantico nuovo
splende la sua gloria
Grande la sua forza, grande la sua pace,

grande la sua santità
RIT: In tutta la terra popoli del mondo
gridate la sua fedeltà
musica di festa, musica di lode, musica di
libertà
Agli occhi del mondo ha manifestato la
sua salvezza
per questo si canti, per questo si danzi,
per questo si celebri. RIT.
Con l'arpa ed il corno, con timpani e
flauti, con tutta la voce
canti di dolcezza, canti di salvezza, canti
d'immortalità. RIT
I fiumi ed i monti battono le mani davanti
al Signore
la sua giustizia giudica la terra, giudica le
genti. RIT.
Al Dio che ci salva gloria in eterno Amen
Alleluia
Gloria a Dio Padre, gloria a Dio Figlio,
gloria a Dio Spirito. RIT.

RESTA QUI CON NOI
Le ombre si distendono scende ormai la
sera
e s'allontanano dietro i monti i riflessi di
un giorno che non finirà
di un giorno che ora correrà sempre
perché sappiamo che una nuova vita da
qui è partita
e mai più si fermerà.

RIT: Resta qui con noi il sole scende già
resta qui con noi Signore è sera ormai
Resta qui con noi il sole scende già
resta qui con noi la notte non verrà
S'allarga verso il mare il tuo cerchio
d'onda
che il vento spingerà fino a quando
giungerà
ai confini di ogni cuore alle porte
dell'amore   vero
come una fiamma che dove passa brucia
così il tuo amore tutto il mondo invaderà.
RIT.
Davanti a noi l'umanità lotta, soffre e
spera
come una terra che nell'arsura
chiede l'acqua da un cielo senza nuvole
ma che sempre le può dare vita
con te saremo sorgente d'acqua pura
con te fra noi il deserto fiorirà. RIT.

Ricordate di scegliere i cori in collaborazione con l'officiante, potrebbe non approvarvi il libretto se non sono a lui graditi!

CAP.3.3 Sposarsi tra cittadini stranieri

In Italia sono previste dalla legge tre diverse modalità per sposarsi tra cittadini stranieri. Esistono i riti: civile, celebrato da un ufficiale di stato civile; concordatario celebrato da un ministro del culto cattolico; infine religioso non cattolico celebrato da un ministro dei culti ammessi.

Oltre alle procedure richieste per i cittadini italiani, se siete cittadini stranieri (o lo è uno di voi due) dovete adempiere ad alcune formalità specifiche.
Per sposarvi, innanzitutto, è necessario che siate liberi da qualsiasi vincolo matrimoniale. Se siete minorenni di età compresa tra i sedici e i diciotto anni dovete richiedere il decreto di autorizzazione del Tribunale dei minori.
Il primo passo consiste nella richiesta di matrimonio che deve essere effettuata presso l'ufficio di stato civile del vostro

Comune di residenza. Quindi dovete richiedere l'appuntamento per il giuramento, che si svolge di fronte a un ufficiale di stato civile: durante il giuramento devono essere presenti due testimoni maggiorenni (se sono stranieri, devono essere in possesso del permesso di soggiorno); esiste la possibilità di effettuare il giuramento alla presenza di un interprete.
Dopo il giuramento, vengono affisse per otto giorni le pubblicazioni presso il vostro Comune: a questo punto viene fissata la data del matrimonio.
Per poter effettuare il giuramento e sposarvi, sono necessari: il passaporto valido; il nulla osta rilasciato dal vostro Consolato (o Ambasciata) con firma autenticata in Prefettura se il vostro paese di origine non è un membro dell'Unione Europea; infine, se siete residenti in Italia, i certificati di stato libero e di residenza.
Se desiderate sposarvi in Chiesa con rito concordatario sono necessari anche dei documenti che vi vengono rilasciati dal vostro parroco.
Ricordate, infine, che per il giuramento non è necessario il permesso di soggiorno.

Cap.3.4 Sposarsi all'estero

Un ultimo caso da prendere in considerazione è quello dei cittadini italiani residenti all'Estero.

Se entrambi gli sposi sono residenti all'estero e iscritti all'AIRE, l'anagrafe dei cittadini italiani residenti all'estero, le pubblicazioni di matrimonio vanno eseguite rivolgendosi al Consolato Italiano competente per territorio rispetto all'indirizzo di residenza.

Se uno solo degli sposi è residente all'estero e iscritto all'AIRE, mentre l'altro è residente in Italia, le pubblicazioni possono essere fatte indistintamente presso il Consolato o presso il Comune di residenza.

CAP 4

SCELTA DELLA PARROCCHIA O DEL COMUNE

In genere ci si sposa nella chiesa di uno degli sposi perché per sposarsi in una parrocchia diversa occorre l'autorizzazione del parroco, ma non ponetevi limiti.....che sia la vostra chiesa dove avete fatto la prima comunione o la chiesetta sul cucuzzolo della montagna che vi piace tanto oppure il santuario in centro città, basta parlare con il parroco e fermare la data. Fissatela per tempo, alle volte è necessario anche fissarla un anno prima! Inoltre tenete presente che i matrimoni celebrati di sabato sono i più gettonati....se proprio quella chiesa che vi piace tanto è impegnata, che ne direste di non rinunciarvi e di sposarvi alla domenica mattina?

Per la scelta del comune i tempi si accorciano notevolmente, dovrete solamente coordinarvi con le altre eventuali coppie che decidessero di sposarsi il vostro stesso giorno. Il matrimonio sarà celebrato nel comune di residenza di uno degli sposi, ma potrà essere celebrato anche in comune diverso previa autorizzazione del Sindaco, come descritto al cap.3.1.

CAP.5

SCELTA DELLA LOCATION

Indubbiamente il periodo in cui deciderete di sposarvi influenzerà notevolmente la scelta della location. Ricordate, comunque, che allestire il matrimonio a bordo piscina, in un parco secolare ...è bellissimo ma occorre prevedere un piano b in caso di maltempo. Nella scelta della location quindi dovrete considerare non solo gli spazi esterni ma anche quelli interni, cosicché in caso di maltempo, il vostro ricevimento non sarà rovinato e soprattutto non avrete l'ansia fino al giorno del sì di preoccuparvi di che tempo farà. Scegliete location che abbiano un salone in grado di contenere tutti gli invitati.....in caso di più sale, assicuratevi che esse siano comunicanti, in modo da non far sentire ospiti di seri b quelli nelle stanze adiacenti a quella principale.

Scegliete la location non troppo distante dalla chiesa dove vi sposerete. In caso contrario sarebbe utile prevedere una navetta che trasporti gli invitati dalla chiesa alla location e che preveda anche il ritorno. I vostri invitati potranno così festeggiare in baldoria senza il pensiero della guida!

Utilissimo è chiedere alla proprietaria della location se ospita uno o due ricevimenti in una giornata. Solitamente se si opta per il pranzo, si deve lasciare la location intorno alle 18. Chiedere inoltre fino a che ora si può festeggiare e suonare musica in caso di ricevimento serale; in caso di location in centro storico non è raro che ci siano restrizioni in merito.

Volete uno stile di matrimonio semplice ed informale? Scegliete allora l'agriturismo......desiderate essere re e regina per un giorno? Scegliete allora un castello in un borgo medievale.....amate l'eleganza e la raffinatezza? Cosa c'è di meglio allora di una stupenda Villa d'epoca.

Non vi resta quindi che scegliere la location dei vostri sogni, cercando di far combaciare (cosa non sempre semplice) la data fissata in chiesa con quella libera della location.

Cap.5.1 Catering e Wedding Cake

Molto importante è sapere se la location è attrezzata con cucina interna. In caso contrario è indispensabile contattare una Ditta di Catering che raggiunga coi propri mezzi la location e che vi allestisca il menù di nozze. Contattate diversi catering e fatevi fare menù personalizzati. E' importante che il catering dia la possibilità agli sposi di assaggiare il menù. In questo modo non avrete dubbi e sceglierete il catering per voi migliore.

La Wedding Cake è indubbiamente protagonista al vostro ricevimento e gode di grande attesa da parte degli invitati. Dev'essere in stile con il fil de rouge scelto per il matrimonio. Ad essa dev'essere dedicato uno spazio riservato all'interno della location, allestito per l'occasione. Non c'è limite allo stile della wedding cake: potrà essere a più piani, decorata o minimale, piana, alla frutta, alla crema o al cioccolato..... come per il catering, affidatevi ad un buon pasticcere, e scegliete la vostra wedding cake dopo aver fatto alcuni assaggi e scelto quello che preferite.

CAP.6

LA SCELTA DEL FIL DE ROUGE

Il fil de rouge è il filo conduttore del matrimonio. Esso serve a dare armonia all'evento. Dovrà essere composto da un tema e da un colore e tutti gli elementi del matrimonio dovranno rispecchiare tale composizione.

Le composizioni sono innumerevoli.....che ne direste del tema viaggio di nozze abbinato al colore rosso? Le partecipazioni potrebbero essere fatte a forma di cartolina....la cartolina potrebbe essere ripresa nel tableau de mariage unitamente alle foto delle tappe principali del vostro viaggio di nozze.....lo sfondo delle partecipazioni potrebbe essere rosso, come rosso potrebbe essere l'allestimento floreale della chiesa, formato da rose rosse come nei centrotavola della location ecc.....

Partecipazione: www.robbywedding.it

Partecipazione: www.robbywedding.it

Tableau de Mariage: www.robbywedding.it

Segnatavoli: www.robbywedding.it

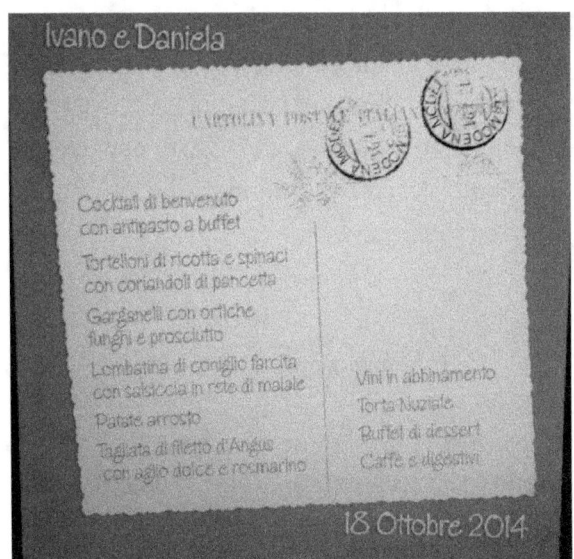

Menù nozze: www.robbywedding.it

CAP.7

L'ABITO DA SPOSA E DELLO SPOSO

Cap.7.1 Scelta del modello dell'abito della sposa

La scelta dell'abito da sposa è in assoluto la scelta più difficile ma anche la più amata di tutte.

Il vostro sogno è sempre stato quello di sposarvi con un vestito da principessa? Benissimo...un consiglio utile è quello però di farvi consigliare dalle esperte del mestiere! Recatevi quindi presso alcuni Atelier di abiti da sposa e fatevi consigliare sui modelli che esaltino appieno il vostro fisico! Provate e riprovate gli abiti e decidete con calma! Alla fine troverete il modello da sogno che tanto sognavate!

Cap.7.2 Accessori sposa

Scegliete con cura la lingierie....dev'essere una fusione con l'abito da sposa. In genere non si portano gioielli....l'unica dovrà essere la fede. Protagonista sarà invece l'acconciatura; fatevi consigliare dalla parrucchiera di fiducia su quale acconciatura è più appropriata in abbinamento all'abito da sposa...se un semiraccolto, uno chignon..un intreccio o capelli lasciati liberi e magari fermati con qualche Swarovski o roselline.....

Anche il make up dovrà essere appropriato ed in abbinamento all'abito da sposa e all'acconciatura.

Cosa ne direste infine di optare per le scarpe su misura colorate? Nel colore ovviamente scelto nel fil de rouge, ripreso anche nel bouquet....sarete uniche ed originali!

Cap.7.3 Scelta dell'abito e degli accessori dello sposo

L'abito da sposo dovrà essere impeccabile tanto quanto quello della sposa.

Come per la sposa, è utile allo sposo andare per Atelier e farsi consigliare, da personale qualificato, sul modello di vestito più idoneo al proprio fisico.

Tra gli accessori dello sposo c'è innanzitutto la cravatta. Dev'essere in armonia con l'abito.

Tra le novità in ambito di accessori per lo sposo c'è il plastron, una cravatta più lunga di quella tradizionale che si annoda con un solo passaggio esterno e si ferma con una spilla al centro.

Il papillon, chiamato anche cravatta a farfalla, cravattino, farfallino o semplicemente farfalla, deriva dalla cravatta e,se si sglie lo smoking dovrà essere sempre abbinato ad esso.

I gemelli sono da indossare assolutamente con il tight e il mezzo tight. Consigliati anche per gli abiti eleganti. Sono gli unici gioielli concessi allo sposo, oltre naturalmente la fede, e vanno messi in mostra: il polsino della camicia deve sporgere di un paio di centimetri dalla giacca.

Le calzature devono essere in armonia con l'abito.

La bottoniere, cioè il fiore all'occhiello, si indossa sul River della giacca. E'dello stesso fiore, più piccolo, del bouquet della sposa.

Cap.7.4 Addio al nubilato e celibato

Per dire addio alla vita da single è usanza darle l'addio con l'addio al nubilato da parte delle future spose, e l'addio al celibato da parte del futuro sposo.

In genere le future spose preferiscono rilassarsi in un centro benessere magari dedicandosi un'intera sala per festeggiare con le amiche......i futuri sposi, invece, preferiscono scatenarsi in un qualche party movimentato. Il consiglio resta comunque sempre quello di divertirsi senza eccessi!

CAP.8

LE PARTECIPAZIONI

Cap.8.1 Scelta dello stile

La partecipazione di nozze è il biglietto da visita delle nozze. E' dalla partecipazione che gli invitati capiranno lo stile che vorrete dare al vostro matrimonio. Esse dovranno quindi essere in armonia con tutto il resto dell'allestimento, come detto al Cap.6.

Di stili ne esistono svariati, dal classico allo spiritoso, l'importante è che tutto sia in armonia. Per capirci: se intendete sposarvi in un agriturismo e avete scelto come allestimento floreale gerbere e girasoli, non optate per delle partecipazioni eleganti, scritte a mano, chiuse da un nastro di raso!

Ricordate di inserire gli inviti, nella partecipazione, per tutti coloro che vorrete invitare anche al ricevimento e quindi non solo alla cerimonia. Essi dovranno essere dello stesso stile della partecipazione.

PARTECIPAZIONE CLASSICA
ANNUNCIO DEL MATRIMONIO DA

PARTE DEI GENITORI DEGLI SPOSI
(ormai in disuso)

Luca Rossi e Maria Bianchi partecipano al matrimonio della figlia Alessandra con Fabrizio Verdi

Alberto Neri e Anna Rosini partecipano al matrimonio del figlio Fabrizio con Alessandra Rossi

Che si terrà in Maranello, sabato 14 settembre 2013, ore 11.30 Chiesa parrocchiale di Maranello (Mo)

Indirizzo genitori sposa

Indirizzo genitori sposo

PAERTECIPAZIONE CLASSICA ANNUNICO DEL MATRIMONIO DIRETTAMENTE DAGLI SPOSI

Fabrizio Verdi e Alessandra Rossi

Annunciano il loro matrimonio

Che si terrà il giorno 13 settembre 2013 presso la chiesa parrocchiale di Maranello (Mo)

Indirizzo sposo

Indirizzo sposa

PARTECIPAZIONI SPIRITOSE (è il figlio della coppia ad annunciare le zozze):

MAMMA Alessandra e PAPA' Fabrizio

SI SPOSANO

Il giorno 13 settembre 2013 nella Chiesa parrocchiale di Maranello (Mo)

Indirizzo genitori

Cap.8.2 Le Tableau de Mariage

Il Tableau de mariage è il cartellone che si affigge all'entrata del luogo del ricevimento e raffigura la disposizione degli invitati a tavola. Deve essere in armonia con lo stile del matrimonio. Nel cap.6 si è accennato alla creazione del tableau de mariage con tema viaggio di nozze, raffigurandolo con cartoline e foto dei principali luoghi che si visiteranno durante il viaggio. Nella cartolina verranno indicati i nomi degli invitati e ben in vista sarà apposto il numero del tavolo assieme al nome del luogo del viaggio, oppure solo il numero, o solo il nome del luogo.

Per il tableau de mariage le creazioni sono innumerevoli…..dal semplice cartellone con fogliettini colorati, al ramo intrecciato di nocciolo, alla lavagna dove si scriverà la disposizione degli invitati con i gessetti colorati, alla cornice a specchio dove invece si scriveranno i nome dei commensali con i pennarelli indelebili ecc…. Via libera alla vostra creatività!

Il tableau dovrà poi essere consegnato al catering alcuni giorni prima del ricevimento con una piantina esatta della disposizione dei tavoli in sala. Può essere gradito agli ospiti mettere invitati dalle caratteristiche comuni nello stesso tavolo….ad esempio famiglie con figli, oppure single, oppure amici di vecchia data, ecc….

Cap.8.3 I segnatavoli, segnaposti, menù nozze

I segnatavoli, i segnaposti ed il menù nozze devono, anch'essi, essere in armonia con lo stile del matrimonio. Il segnatavolo, in genere a cartoncino , viene posto al centro del tavolo, solitamente mediante un memoclip, ed indica il numero ed il nome degli invitati assegnati a quel tavolo, come riportato nel tableau de mariage. I segnaposti vengono adagiati sul tavolo, per ogni invitato, e stanno ad indicare l'esatta disposizione che gli invitati devono assumere al tavolo. Recheranno ognuno, il nome dell'invitato.

Il menù nozze potrà essere apposto singolarmente al centro del tavolo, oppure potrà essere fornito ad ogni invitato.

CAP.9

L'ALLESTIMENTO FLOREALE

Cap.9.1 Allestimento della chiesa

Che abbiate scelto di sposarvi in una Cattedrale o in una chiesetta di montagna, l'importante è che l'allestimento floreale tenga conto delle dimensioni della stessa. Ambienti grandi richiedono composizioni grandi, per evitare la sensazione di un allestimento spoglio, viceversa ambienti piccoli richiedono composizioni piccole per evitare la sensazione di soffocamento.
Si addobberà l'entrata della chiesa con composizioni di verde e di fiori in alzate per esempio a forma di piccolo albero, ai piedi dei banchi potranno essere sistemate delle lanterne contenenti candele bianche mentre nel lato alto del banco, dalla parte interna del corridoio, verranno posizionate piccole composizioni di verde e fiori ornate da nastri che scenderanno lungo lo schienale del banco. L'altare sarà addobbato con composizioni di verde e fiori, di grandezza medio-grande, ad entrambi i lati dello stesso.

Alla fine della cerimonia si potrà trasferire alcune composizioni nella location oppure lasciare il tutto alla parrocchia.

Ricordate di scegliere l'allestimento floreale in linea con i colori che avete scelto nel fil de rouge. Per capirci: se avete scelto di fare partecipazioni, tableau de mariage ecc..., con un dettaglio in rosa, scegliete i fiori nella tonalità del rosa e sue declinazioni. Scegliere un allestimento floreale composto da fiori, ad esempio gialli, risulterebbe disarmonico e con poco stile.

Ma quali FIORI scegliere? Ecco un elenco semplificativo del significato dei fiori più comuni:

Agrifoglio: forza e resistenza.
Alloro: trionfo.
Ambrosia: amore corrisposto.
Anemone: la speranza e l'attesa.
Artemisia: serenità, felicità, salute.
Azalea: femminilità, temperanza, fortuna
Biancospino: speranza, e prudenza
Cactus: durata.
Camelia rossa: sei la fiamma nel mio cuore.
Camelia bianca: sei adorabile.
Dalia: buon gusto

Edera: fedeltà, amore esclusivo
Felce: sincerità.
Fiordaliso: delicatezza e primo amore.
Fiori d'arancio: verginità, fecondità, purezza
Fiori di ciliegio: buona educazione.
Fiori di pesco: amore immortale.
Gardenia: sincerità.
Garofano bianco: fedeltà.
Garofano rosso: energia.
Gelsomino bianco: amabilità, affetto
Gelsomino giallo: gentilezza, candore, eleganza e nobiltà.
Giacinto blu: costanza
Giglio: purezza, nobiltà e la fierezza d'animo.
Giglio giallo: nobiltà.
Girasole: amore adorante
Iperico: originalità.
Iris: simboleggia la fede e la speranza
Iris giallo: ardo di passione per te
Lauro: gloria, trionfo, afrodisiaco.
Lavanda: buona fortuna
Lillà bianco: purezza e verginità.
Lillà giallo: sono fra le nuvole.
Lillà tigre: orgoglio.
Lillà della valle: tenerezza
Magnolia: nobiltà.
Margherita: semplicità, innocenza, spontaneità, bontà, freschezza e purezza.

Mimosa: innocenza, libertà, autonomia.

Mughetto: verginità

Nontiscordardime: amore   eterno   e
fedeltà perpetua.

Orchidea: sensualità, passione

Palma: vittoria.

Papavero   rosa: serenità,   vivacità.

Papavero   rosso: orgoglio.

Primula: giovinezza, primo amore

Rododendro: primo   amore.

Rosa: La rosa è il simbolo del segreto,
delle cose da rivelare con delicatezza. La
rosa, il cui bocciolo è ben nascosto dai
petali, incarna anche la castità femminile
mentre la rosa sbocciata rappresenta
bellezza   della   gioventù.

Rosa   bianca: candore   .

Rosa   canina: delicatezza   .

Rosa   rosa: tenerezza.

Rosa rossa: passione, vero amore

Tulipano: è il fiore che rappresenta il
vero   amore

Violetta: umiltà e modestia.

Scelti i tipi di fiori graditi, quale colore
scegliere? Potranno esservi utili i simboli
dei colori dei fiori più diffusi, qui di
seguito:

BIANCO:

E' il simbolo dell'innocenza e della purezza,

ARANCIONE:
L'Arancione è un colore che simboleggia l'allegria e la gioia, la piena soddisfazione per un successo raggiunto. Esprime un amore consolidato e soddisfatto.

ROSSO:

Simboleggia la passione, il desiderio, il coraggio

TURCHESE:
E' il simbolo della gratificazione per un traguardo raggiunto, della salute e della ricchezza

ARGENTO:
simbolizza la luna, la verginità.

VERDE:
Simboleggia la speranza, l'ottimismo

BLU:
E' il colore della calma e della tranquillità.

GIALLO:

E' il colore che simboleggia la vivacità e la spiritualità.

ORO:
E' il colore che simboleggia il potere e la vittoria

LILLA:
E' il simbolo di un amore sincero e privo d'interessi.

ROSA
E' il colore che simboleggia la giovinezza

Ecco infine un elenco dei principali fiori che potrete trovare freschi nei vari mesi dell'anno:

Fiori Matrimonio Gennaio:

Rose

Orchidea
Mimosa,

Bucaneve,
Sterlizia.

Fiori Matrimonio Febbraio:

Rose

Orchidea

Mimosa,

Garofano,

Sterlizia,

Ranuncolo,

Freesia,

Anemone.

Fiori Matrimonio Marzo:

Rose

Orchidea

Mimosa,

Garofano,

Ranuncolo,

Freesia,

Anemone,

Iris,

Tulipani,

Calle,

Lilium,

Sterlizia.

Fiori Matrimonio Aprile:

Rose

Orchidea

Garofano,

Ranuncolo,

Peonia,

Gelsomino,

Freesia,

Iris,

Tulipani,

Calle,

Lilium,

Sterlizia.

Fiori Matrimonio Maggio:

Rose,

Garofano,

Gerbere,

Peonia,

Ranuncolo,

Gelsomino,

Margherite,

Iris,

Ortensia,

Tulipani,

Calle,

Ginestra,

Alstroemeria,

Lilium,

Sterlizia,

Fiori Matrimonio Giugno:

Rose,

Peonia,

Ranuncolo,

Gelsomino,

Margherite,

Iris,

Ortensia,

Calle,

Girasoli,

Ginestra,

Alstroemeria,

Lilium,

Fiori Matrimonio Luglio:

Rose

Gerbere,

Gelsomino,

Margherite,

Iris,

Calle,

Dahlia,

Girasoli,

Ginestra,

Alstroemeria,

Lilium,

Tuberosa,

Bocca di Leone.

Fiori Matrimonio Agosto:

Rose

Gerbere,

Gelsomino,

Margherite,

Iris,

Dahlia,

Girasoli,

Ginestra,

Bocca di Leone.

Fiori Matrimonio Settembre:

Rose

Orchidea

Gerbere,

Gelsomino,

Margherite,

Iris,

Calle,

Dahlia,

Girasoli,

Tuberosa,

Sterlizia,

Bocca di Leone,

Fiori Matrimonio Ottobre:

Rose

Orchidea

Garofano,

Calle,

Girasoli,

Tuberosa,

Sterlizia,

Bouvardia,

Fiori Matrimonio Novembre:

Rose

Orchidea

Garofano,

Sterlizia,

Crisantemo

Fiori Matrimonio Dicembre:

Rose

Orchidea

Stelle di Natale,

Agrifoglio

Garofano,

Bucaneve,

Sterlizia.

Cap.9.2 Allestimento della location

La location del matrimonio dovrà essere addobbata con la stessa cura con cui si è addobbata la chiesa. Dovranno essere scelti gli stessi fiori, ma le composizioni potranno variare. Numerose sono le soluzioni, dal centrotavola basso formato da composizioni di fiori e verde, dall'alzata a stelo formata anch'essa da composizioni di verde e fiori, dai vasi bassi o alti riempiti di acqua sassolini colorati o trasparenti e fiori a cascata. Se optate per soluzioni differenti dai centrotavola a fiori, potrete prendere in considerazione dei vasi di vetro riempiti di acqua e piccole candele galleggianti. Ricordate di allestire, con lo stesso stile, anche i tavoli dei buffet e della confettata ed ovviamente del luogo adibito al taglio della wedding cake.

Cap.9.3 Bouquet sposa, bouquet "da lancio", bottoniere

Il bouquet della sposa è un altro dettaglio importante del matrimonio, anch'esso attirerà l'attenzione di tutti gli invitati. Esistono svariati stili di bouquet...il classico a palla, lungo a stelo, lungo a fascia....l'unico accorgimento è di sceglierlo in base al fisico della sposa ed allo stile del matrimonio. Per intenderci: se siete una sposa minuta non optate per un bouquet a cascata perché scomparireste dietro ad esso....oppure: se il vostro abito da sposa sarà un sontuoso abito da principessa luccicoso di strass e perline non optate per un mini bouquet di fiorellini di campo!

Tra le usanze al ricevimento di nozze c'è anche il cosidetto "lancio del buquet". Questo non sarà ovviamente il bouquet della sposa, ma sarà uno diverso, più piccolo, fatto anche con fiori diversi da quello della sposa, ornato magari da nastri e perline, che la sposa lancerà in direzione delle donzelle nubili presenti al matrimonio. Il detto dice che la donzella che prenderà al volo il bouquet si sposerà entro l'anno....

La Bottoniera, come detto al Cap.7.3, è il fiore che si posiziona sull'occhiello della giacca dello Sposo, poco sotto l'altezza del fazzoletto. Spesso si preferisce metterla in alternativa ad esso, ma non è una regola fissa. Per la composizione della bottoniera si utilizza il fiore principale, più in piccolo, del bouquet della sposa unitamente ad un po' di verde. Anche i testimoni maschi ed i padri degli sposi posizioneranno la bottoniera sull'occhiello della giacca.

CAP.10

IL FOTOGRAFO

Cap 10.1 Foto e Video

Cercate il fotografo del vostro matrimonio con cura. Ricordate che le foto sull'album di nozze vi accompagneranno per tutta la vita! Meglio quindi optare per un fotografo professionista abituale, piuttosto che uno di poca esperienza anche se molto più conveniente.

Il fotografo deve accompagnarvi per tutta la durata del vostro matrimonio, dai preparativi alla festa finale danzante. Deve lavorare con discrezione senza essere invadente e deve offrirvi scatti particolari quindi non solo le classiche foto "impostate". La qualità delle foto dev'essere in alta risoluzione. In genere un fotografo di alto livello fornisce agli sposi tutte le foto scattate al matrimonio siano anche 5000! Saranno poi gli sposi a scegliere quali foto inserire nell'album di nozze.

Un'idea carina è anche quella di farvi fare un video, della durata non troppo lunga, dei momenti più significativi del matrimonio. Si tratterà di un trailer per ricordare i momenti più importanti, magari con inquadrature dinamiche ed un montaggio simpatico per non annoiare.

Cap.10.2 Photobooth e Wedding Camera

Il Photobooth per il matrimonio è un'idea che arriva dagli Stati Uniti. E' una cabina per le fototessere, arricchita da gadget divertenti quali parrucche, baffi, cappellini di ogni foggia, lavagnette per lasciare messaggi agli sposi, cornici e tanti altri per rendere gli scatti davvero divertenti.

E' un'idea molto carina perché le fototessere verranno stampate in duplice copia, quindi una rimarrà all'invitato e l'altra rimarrà agli sposi, raccolta nell'esclusivo Guestbook del matrimonio.

La Wedding Camera è una macchina fotografica con la pellicola a rullino. Sarà posizionata ad ogni tavolo del ricevimento cosicché gli invitati potranno divertirsi a scattarsi le foto come si faceva prima dell'avvento delle macchine fotografiche digitali e degli smartphone. Il rullino verrà stampato e conservato dagli sposi che potranno scegliere di farsi da soli il proprio photoalbum con un collage delle foto più simpatiche. Omaggeranno poi gli invitati con la stampa delle foto a loro più gradite.

CAP.11

I TESTIMONI

La figura dei testimoni è tra quelle più importanti in un matrimonio. Sono fondamentali in quanto sono i garanti della legalità del matrimonio.
Generalmente i testimoni vengono scelti all'interno della cerchia familiare o tra gli amici più cari e restano nel cammino di una coppia per tutta la vita. Per legge i testimoni devono essere almeno due (uno per parte), ma si può scegliere tranquillamente di aumentarne il numero.

Cosa devono fare i testimoni?

- Hanno il compito di custodire le fedi nuziali durante la cerimonia, sempre che non si decida di affidarle al paggetto o alla damigella;
- A fine cerimonia devono firmare il registro di matrimonio per testimoniare la legalità della celebrazione appena avvenuta.
- E' buona prassi che si adoperino per l'offerta al sacerdote una volta terminata la cerimonia in chiesa;
- Durante il ricevimento i testimoni possono sedere al tavolo d'onore con gli sposi ed è in genere il testimone

dello sposo a proporre il primo brindisi, sorprese, scherzetti vari al ricevimento, ed essere il primo artefice dell'addio al celibato.

E' buona regola che i testimoni adottino un abbigliamento in tono con quello degli sposi e i testimoni uomini dovrebbero indossare il fiore all'occhiello come quello dello sposo e i padri di entrambi gli sposi.

Anche il regalo di nozze dovrebbe essere all'altezza del ruolo importante dei testimoni di nozze. Un'idea potrebbe essere quella di provvedere all'acquisto delle fedi o del servizio fotografico ed altrettanto riguardo dovrebbero avere gli sposi nei loro confronti, distinguendo ad esempio la loro bomboniera con dimensioni superiori o di valore superiore alle altre.

CAP.12

LE FEDI

La fede è un anello, generalmente in oro giallo, che viene scambiato nel rito del matrimonio dagli sposi per giurarsi fedeltà per tutta la vita. La forma circolare simboleggia l'unione. La fede si indossa sulla mano sinistra al dito anulare. Viene messa all'anulare perché vi è la credenza che di lì passi una piccola arteria che risalendo il braccio arriva direttamente al cuore. Sempre più spesso il tradizionale oro giallo viene integrato o sostituito da oro bianco, rosso o dal platino.

Nel matrimonio secondo il rito religioso è usanza che le fedi vengano portate all'altare dal testimone o da un paggetto o damigella, legate ad un cuscino che il celebrante benedirà prima del rito dello scambio degli anelli.

La fede pesa solitamente dai 3 g ai 16 g e può essere realizzata in differenti modelli:

- Classica, tonda e smussata.
- Francesina, sottile e leggermente bombata.

- Mantovana, più alta e più piatta e di solito più pesante.
- Etrusca, piatta e decorata da scritte beneauguranti.
- Sarda, decorata come un pizzo chiacchierino.
- Platino, molto rara e costosa e quindi poco usata.
- Bicolore, costituita da due cerchi intrecciati di oro giallo e bianco.
- Tricolore, costituita da tre cerchi intrecciati di oro giallo e bianco.
- Unica, con incastonato un diamante.
- O'*ssolana*', proviene dalla Val d'Ossola, è l'espressione più significativa dell'antica tradizione orafa della zona. Essa riporta quattro simboli caratteristici: la stella alpina (che raffigura la purezza), il grano saraceno (che raffigura la prosperità), i nastri intrecciati (simbolo della perpetuità dell'unione) e le mezze sfere (augurio di prolificità).
- Ebraica, in filigrana smaltata con decorazione di perline.
- Umbra, con l'incisione del volto di una donna o di una coppia divisi da un bouquet di fiori.

Fonte: wikipedia

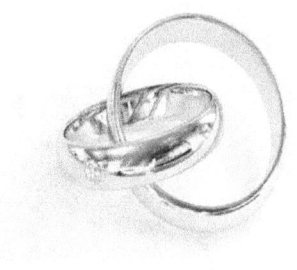

Programmate l'acquisto delle fedi almeno 3 mesi prima della data delle nozze, per avere tempo di farle incidere con il nome del partner, la data del matrimonio ed eventualmente anche una frase, e modificarne la misura, se necessario.

Le fedi sono solitamente sistemate sul cd "cuscinetto portafedi" . Il cuscinetto potrà essere ricamato a mano sullo stile del matrimonio, oppure essere semplice e di raso bianco. Per i matrimoni civili idee carine potranno essere rappresentate da scatoline in plexiglass a forma di cuore ornate da nastri colorati come da una scatolina ornata e decorata con nastri in raso.

CAP.13

LE BOMBONIERE e LA CONFETTATA

La bomboniera è un oggetto che gli sposi regalano agli invitati alla fine del ricevimento e prima di congedarsi da loro. Ne esistono di vari stili, dai più classici oggetti in vetro o in porcellana come soprammobili, alle cornici in argento, da un omaggio floreale ad un ciondolo.

A chi vanno date? Sicuramente a tutti gli ospiti che hanno preso parte al banchetto. Andrà consegnata una bomboniera per nucleo famigliare, è invece bene regalare una bomboniera a testa ad una coppia di fidanzati. Chiunque vi avrà fatto un regalo, anche se non presente al ricevimento, dovrebbe ricevere in dono la vostra bomboniera. Di solito i testimoni ricevono una bomboniera più preziosa e personalizzata. Riservate per conoscenti, colleghi e vicini di casa una certa quantità di piccoli sacchetti con i confetti da distribuire nei giorni immediatamente precedenti alle nozze, sarà un gesto certamente gradito. Non dimenticate di inserire un bigliettino con i vostri nomi di battesimo e la data del matrimonio.

Molto utili sono le bomboniere gastronomiche: i vostri invitati saranno sicuramente lieti di ricevere un'ampolla di pregiato aceto balsamico, oppure di un ricercato vasetto di marmellata nonché di gustoso vasetto di miele.

Altrettanto utili sono le bomboniere solidali realizzate nel mondo del volontariato.

Ricordate di farvi confezionare le bomboniere con un nastro o decoro che richiami i colori e lo stile del vostro matrimonio.

E' in voga negli ultimi anni, regalare agli invitati, non solo il sacchettino in tulle contenente un numero dispari di confetti di mandorla bianchi, ma la cd "confettata". Essa dovrà essere allestita in un luogo appositamente dedicato; i vari gusti dei confetti saranno disposti in alzate di vetro oppure in vasi di vetro piani e conterranno, ognuno, un cartoncino con su scritto il gusto del confetto. Dovranno essere predisposti appositi contenitori che verranno utilizzati dagli invitati per essere riempiti con i confetti a loro più graditi.

Un'idea molto carina è allestire anche la cd "caramellata" a fianco della confettata. Via libera allora a lecca lecca, caramelle gommose, marshmallow, zuccherini e via dicendo.....renderete felici tutti gli invitati, non solo i più piccoli!

CAP.14

L'INTRATTENIMENTO MUSICALE

L'intrattenimento musicale è un dettaglio molto importante del vostro matrimonio perché decreterà il successo o l'insuccesso dei festeggiamenti.

Potete optare per un dj, un animatore oppure un complesso musicale con vocalist, a seconda dei vostri gusti. E' di buon gusto mettere un sottofondo musicale soft per la cena o il pranzo di nozze.....musica o vocalist a tutto volume risulterebbe alquanto sgradito agli invitati che non riuscirebbero a sentire e a conversare con i vicini commensali.

Cap.14.1 I diritti SIAE

La SIAE è la Società Italiana Autori Editori che riunisce gli artisti ed i compositori di opere dell'ingegno. Il suo compito è quello di tutelare i diritti degli artisti sulle opere regolarmente depositate e registrate nei propri archivi. Pertanto, nel caso del settore musica, la tassa imposta dalla Siae serve a pagare, ai musicisti, i proventi derivanti dalla riproduzione e dall'esecuzione in pubblico delle canzoni da loro composte.

Occorre quindi rivolgersi all'Agenzia SIAE competente per territorio e regolarizzare il pagamento della tassa. Saranno tenuti in considerazioni alcuni parametri, quali il numero degli invitati, la categoria in cui è ricompresa la location ed il tipo di musica da effettuare.

CAP.15

L'INTRATTENIMENTO OSPTI

Un altro aspetto importante, nell'organizzazione del matrimonio, è quello dell'intrattenimento degli ospiti, specie i più piccoli. Cercate allora di allestire uno spazio apposito per loro, con giornaletti , quaderni e matite colorate. Contattate una truccatrice e un animatore con i palloncini cosicché anche i piccoli avranno un ottimo ricordo del vostro wedding day!

Allestite uno spazio per il Guest book, dove gli invitati potranno lasciarvi un messaggio ed un saluto.

Lasciate spazio alla fantasia... se un semplice quaderno a libro vi sempre obsoleto, optate per qualcosa di originale....che ne dite di un beauty case dove gli invitati getteranno degli aeroplanini con scritti i loro messaggini per voi?

Un'idea originale è far girare per i tavoli un ritrattista-caricaturista, che, in modo discreto e non invadente lascerà ai vostri invitati una caricatura di loro stessi.

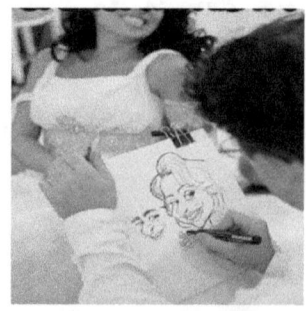

Per un finale di intrattenimento coi fiocchi non possono mancare i fuochi d'artificio. Sempre di grande effetto lasceranno i vostri invitati a bocca aperta!

Di grande effetto sono anche il photobooth e la wedding camera di cui si è parlato al cap.10.2

CAP.16

L'AUTO DEGLI SPOSI

L'auto degli sposi è il mezzo che condurrà la sposa all'altare e successivamente i neosposi al luogo del ricevimento.

Il modello dell'auto dev'essere adeguato allo stile del matrimonio: se vi sposate in una chiesetta di montagna, evitate di scegliere una lussuosa macchina d'epoca come una rolls royce o una Bentley, viceversa se vi sposate in una cattedrale evitate di scegliere un maggiolone o una simpatica 500.

Tenete conto anche delle dimensioni dell'abito da sposa: se vi sposate con un abito principesco evitate di scegliere una vettura di piccole dimensioni, soffochereste all'interno!

Adornate gli specchietti dell'auto con nastri e fiori in linea con quelli dell'allestimento floreale del matrimonio.

CAP.17

LA LUNA DI MIELE

L'espressione "luna di miele" è utilizzata per individuare il periodo immediatamente successivo alla cerimonia, e coincide quindi con il viaggio di nozze, organizzato dagli sposi per allontanarsi dalla vita di tutti i giorni e godersi un po' di riposo dopo lo stress dovuto ai preparativi del matrimonio. La luna di miele è un periodo che gli sposi dovrebbero vivere più intimamente e avendo sentimento che li unisce, senza perdersi in distrazioni inutili che, seppur piacevoli, allontanano la mente ed il cuore dal reciproco impegno preso.

Le mete del vostro viaggio di nozze da sogno, saranno compatibili con le condizioni meteo? Ecco per voi un utile calendario, dove ad ogni mese dell'anno corrispondono delle mete ideali dal punto di vista climatico:

Da GENNAIO a MARZO:
Ottime le mete come l'Australia, il Belize, il Brasile, il Mar dei Caraibi, Cuba, Costa Rica, ma anche Filippine, Malesia e Myanmar, Guatemala e Giamaica, le isole Hawaii, gli atolli delle Maldive, il Messico, Sri Lanka e Thailandia , il Kenya e il Sudafrica. Sconsigliata invece la luna di miele in Polinesia, a causa delle abbonanti piogge che cadono in questi mesi.

APRILE e MAGGIO:
Oltre all'Australia e all'America del Sud, in questo periodo sono consigliati anche il Mar Rosso e l'Egitto. Sono sempre strepitose le Seychelles e le Maldive, nonché le Mauritius, o ancora un divertente tour negli Stati Uniti da abbinare ad un soggiorno relax in qualche isola della Polinesia Francese! Da evitare in questo mese i paesi asiatici, a causa delle piogge torrenziali!

In maggio, oltre agli Stati Uniti, potete volare anche in Canada, alla scoperta di Toronto e delle cascate del Niagara. Potrete spaziare tra Hawaii, Fiji e Polinesia nell'Oceano Pacifico, oppure Seychelles e Mauritius nell'Oceano Indiano. Evitate le Maldive, per il clima più umido in questo periodo ed il Kenya, dove le temperature cominciano a diventare troppo elevate.

Da GIUGNO a SETTEMBRE:
Ottime le Crociere dal Mar Rosso al Mar Mediterraneo adatte alle coppie che cercano assoluto relax e riposo, come anche l'Europa e gli Stati Uniti. Tempo ottimale per tutte le isole del Pacifico , Polinesia, Hawaii, Isole Cook, Nuova Caledonia, Isole Fiji. Ottimo anche visitare i paesi scandinavi che si prestano particolarmente nei mesi ai viaggi di nozze estivi in quanto offrono un clima più mite e gradevole. Evitate i Caraibi ed il Messico, in quanto sono soggetti ad uragani nel periodo estivo ed ai paesi africani in generale, troppo caldi.

Da OTTOBRE a DICEMBRE:
Questo è il periodo migliore e meno affollato per godersi l' Australia e la

Nuova Zelanda, ma anche la Cina, India, Malesia, Filippine e Thailandia. Ottime anche le Mauritius, Seychelles, Maldive e Polinesia . Buona opzione anche il Kenya, il Sudafrica e all'esotica Zanzibar. Tempo ottimo anche per il Messico e la Riviera Maja, il Guatemala, il Belize, il Brasile, l'Argentina. Evitate il Madagascar perché è a rischio uragani in questo periodo!

Per organizzare il vostro viaggio di nozze da sogno affidatevi ad un'agenzia di viaggi: dopo un colloquio iniziale, dove l'operatore raccoglierà le vostre richieste, vi costruirà un itinerario su misura per voi! Inoltre se non avete le idee ancora chiare, su quale sia la meta della vostra luna di miele, un professionista saprà sicuramente indirizzarvi sui luoghi più incantevoli al mondo.

Potrete optare anche per un viaggio di nozze fai da te! Armatevi quindi di cataloghi, pc, e tanta pazienza e divertitevi a crearvi da voi un viaggio di nozze unico ed indimenticabile!

Ricordate di essere in regola con il passaporto e con i visti e requisiti che alcuni Paesi richiedono. Accertatevi se occorrono vaccinazioni obbligatorie o consigliate nella meta che vorrete raggiungere. In alcuni paesi, dove le condizioni igieniche non sono le più salutari, evitate di bere l'acqua del rubinetto e di mangiare gelati.

Portate sempre con voi un kit del pronto soccorso.

E' consigliabile non tenete tutti i documenti e tutti i soldi nello stesso posto e di non sfoggiare gioielli, orologi , tecnologia di grande valore.

Fornitevi di un adattatore universale per la spina elettrica. Sarà indispensabile quando dovrete ricaricare il telefonino, il pc, la macchina fotografica ecc...

Infine, fate un'assicurazione viaggio. In caso di imprevisto, come un ricovero in ospedale, sarete totalmente risarciti ed eviterete così spiacevoli disagi.

Un'utile consiglio è visitare il sito della Farnesina ww.viaggiaresicuri.it e www.dovesiamonelmondo.it.

CAP.18

LA LISTA NOZZE

La lista nozze è un elenco di "oggetti" che gli sposi predispongono presso un'agenzia o un negozio, dal quale gli invitati attingono per regalare loro quanto richiesto.

E' un aspetto del matrimonio molto apprezzato dagli sposi: finalmente, dopo tante spese, arrivano delle entrate. Tali entrate assumono le forme più svariate, dall'oggetto di porcellana, alla cornice in argento, dal piccolo elettrodomestico all'oggetto più tecnologico, dalla beneficenza all'intervento di chirurgia estetica.

Sono ancora in voga i biglietti di buon auspicio con all'interno soldi contanti, da consegnare direttamente agli sposi.

E' utilissimo creare la lista nozze all'interno dell'agenzia viaggi, in questo modo farete la vostra indimenticabile luna di miele completamente gratis!

Ivano e Daniela hanno scelto la lista nozze online
presso l'agenzia viaggi ....
scorrere in fondo alla pagina alla sezione dedicata
ai viaggi di nozze e selezionare:
· scegli l'agenzia: ....
· utente: DANIELA
· password: IVANO
· area invitati: (lasciare invariato)
· LOGIN
In alternativa è possibile recarsi presso una qualsiasi
agenzia viaggi ....

Avviso: www.robbywedding.it

CAP.19

I RINGRAZIAMENTI

Rientrati dalla luna di miele è buona norma inviare agli invitati che hanno partecipato al vostro matrimonio, i biglietti di ringraziamento. Il motivo è quello di ringraziarli della loro presenza e di aver condiviso con voi un momento unico e speciale.

Utilizzate lo stesso stile della partecipazione di matrimonio. Per un'idea originale potete stampare una foto del matrimonio con impressa una frase di ringraziamento.

Che ne dite di un gadget personalizzato? Come una tazza, un magnete, una caramella o un cioccolatino stampato con una frase di ringraziamento? Gli invitati apprezzeranno sicuramente.

I biglietti di ringraziamento possono essere consegnati anche il giorno delle nozze, al termine del ricevimento e nel momento di commiato consegnando le bomboniere. Potete inviarli a chi vi ha fatto un regalo ma non ha partecipato all'evento.

VADEMECUM SINTETICO AGENDA MATRIMONIO

- DATA   DELLE   NOZZE

_____

- BUDGET (fissare il budget totale del matrimonio o delle singole voci)_____

- CHIESA (fermare la chiesa nella data prescelta con congruo anticipo – anche 1 anno prima)

_____

- LOCATION (sceglierla in base alla data   fermata   in chiesa)_____

- CATERING/WEDDING CAKE (si consiglia di assaggiare le pietanze prima di confermare il menu' di nozze)_____

- FOTOGRAFO/VIDEO

_____

- CORSO PREMATRIMONIALE (contattare il parroco con congruo anticipo perché spesso i corsi prematrimoniali sono svolti annualmente o semestralmente)_____

- PUBBLICAZIONI IN CHIESA (occorre procurarsi i certificati di battesimo e di cresima della sposa e dello sposo e recarsi successivamente dal parroco della chiesa ove si svolgerà il matrimonio a chiedere le pubblicazioni del matrimonio)_____

- PUBBLICAZIONI IN COMUNE (visitare il sito web del Comune-settore Anagrafe/Stato Civile ove si svolgerà il matrimonio per sapere quali documenti occorrono per le pubblicazioni del matrimonio in Comune)_____

- VIAGGIO DI NOZZE (se si opta per un viaggio all'estero controllare il passaporto e visitare il sito www.viaggiaresicuri.it)_____

- LISTA NOZZE (se si opta per il viaggio di nozze, inserire l'agenzia di viaggio direttamente in nota, nella partecipazione)_____

- TEMA/FILO CONDUTTORE DEL MATRIMONIO (scegliere il/i colore/i ed il tema del matrimonio)

  _____

- PARTECIPAZIONI (sceglierle in base al colore ed al tema del matrimonio)_____

- TABLEAU DE MARIAGE/SEGNATAVOLI (come sopra)_____

- MENU' MATRIMONIO (dopo averlo concordato con il catering, stamparlo seguendo il colore ed il tema del matrimonio

  _____

- LIBRETTO MESSA (al corso prematrimoniale vi sarà fornito un libretto standard – personalizzarlo riguardo il rito del matrimonio ed i canti)_____

- FEDI_____

- BOMBONIERE (si consiglia di confezionarle con il/i colore/i del matrimonio)_____

- CONFETTATA

  _____

- TRUCCO

  _____

- ACCONCIATURA

  _____

- ESTETISTA

  _____

- TESTIMONI (occorre siano di ugual numero per la sposa e per lo sposo)_____

- MUSICISTA/INTRATTENIMEN-TO (decidere se optare per un dj oppure per dei cantanti dal vivo)

  _____

- FIORISTA (scegliere i fiori preferiti sui toni del/dei colore/i del matrimonio, saranno posizionati, in composizione, all'interno ed all'esterno della chiesa e nella location)_____

- BOUQUET (sceglierlo nei toni del/i colore/i del matrimonio)_____

- PORTA RISO/CORIANDOLI/BOLLE DI SAPONE (confezionarli nel/i colore/i del matrimonio)_____

- ABITO DA SPOSA (con congruo anticipo visitare alcuni atelier per scegliere il proprio abito)

_____

- ACCESSORI SPOSA (porre l'attenzione alle scarpe, si consiglia di farsele fare nei toni del/i colore/i del matrimonio in tinta col bouquet)

_____

- ABITO DA SPOSO (dovrebbe essere coordinato a quello della sposa)_____

- AUTO SPOSI (decidere con quale mezzo di trasporto arrivare in chiesa   e   in location)_____

- ADDIO AL NUBILATO/ CELIBATO (divertirsi   senza eccessi)_____